SOUVENIRS

DE

LA PREMIÈRE INVASION

D'après le Journal de Charles D'ESPINAL, maire de Fouchécourt

(25 DÉCEMBRE 1813 - 1er MAI 1814)

PAR

CHARLES GUYOT

———

(Extrait des *Mémoires de l'Académie de Stanislas*, 1912-1913)

———

NANCY

IMPRIMERIE BERGER-LEVRAULT

18, RUE DES GLACIS, 18

—

1913

SOUVENIRS

DE

LA PREMIÈRE INVASION

D'après le Journal de Charles D'ESPINAL, maire de Fouchécourt

(25 DÉCEMBRE 1813 - 1ᵉʳ MAI 1814)

PAR

CHARLES GUYOT

———

(Extrait des *Mémoires de l'Académie de Stanislas, 1912-1913*)

———

NANCY

IMPRIMERIE BERGER-LEVRAULT

18, RUE DES GLACIS, 18

1913

SOUVENIRS

DE

LA PREMIÈRE INVASION

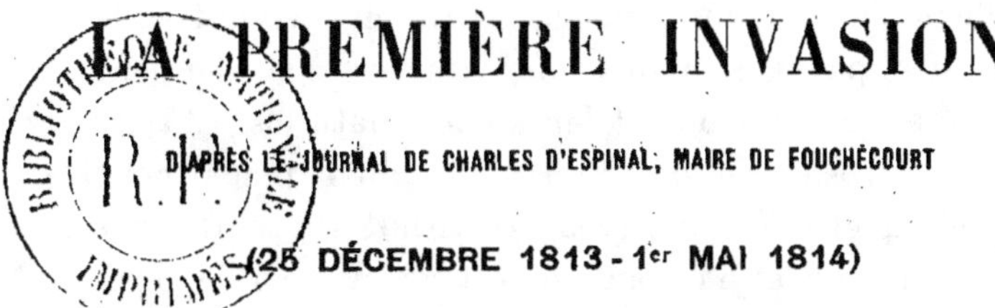

D'APRÈS LE JOURNAL DE CHARLES D'ESPINAL, MAIRE DE FOUCHÉCOURT

(25 DÉCEMBRE 1813 - 1er MAI 1814)

Ce journal se compose de deux cahiers, l'un de
quatorze, l'autre de quatre feuilles, d'une écriture
fine et serrée. L'auteur, Charles d'Espinal, était l'un
des treize enfants de François d'Espinal, mort à Fouchécourt, le 17 germinal an IV. Il habitait, dans ce
petit village, la maison patrimoniale avec sa mère et
une de ses sœurs. A la fin de l'Empire, il était maire
de Fouchécourt, comme l'avait été son père, et comme
devait l'être aussi son fils, Charles-Léon. Au moment
où il écrit son journal, c'est un homme de trente et
un ans, encore célibataire, dont la santé avait été
délicate et qui avait obtenu pour ce motif, le 15 floréal
an XII, un congé de réforme le dispensant, moyen-
nant finances, du service militaire.

Les d'Espinal, descendants d'un anobli du temps du duc Charles IV, étaient fixés dans la région depuis un siècle et demi. Comme la petite noblesse du pays, pour la plupart anciens gentilhommes verriers, avec lesquels ils entretenaient des relations intimes, ils avaient traversé sans trop de dommages la période difficile de la République et de l'Empire, vivant de la vie des paysans d'alentour, qui les considéraient comme leurs patrons et leurs chefs naturels. Charles d'Espinal se trouvait ainsi très bien placé pour recueillir et exprimer avec exactitude les sentiments qui agitaient les habitants de cette contrée à l'époque de la première invasion. Son journal est écrit très simplement; il se borne à y consigner les faits dont il a été témoin, à transcrire les nouvelles quotidiennes, en s'abstenant presque toujours de réflexions ou d'appréciations personnelles.

Le village de Fouchécourt, où se sont passés les événements consignés au journal, se trouve au sud-ouest du département des Vosges et de l'arrondissement de Neufchâteau, dans une petite vallée dirigée vers la Saône. Il était alors en dehors des voies de communication, et de là, pour gagner la ville de Lamarche, chef-lieu du canton, il fallait gravir, par des chemins peu commodes, les coteaux qui le séparaient d'Isches et de Mont, localités plus importantes. Cette situation topographique explique comment les passages de troupes y furent relativement rares, les envahisseurs ayant soin de se tenir autant que possible sur les grandes routes, de peur des surprises. Aussi, ce ne fut qu'à la longue, assez tardivement, que les habitants de Fouchécourt éprouvèrent le contre-coup des faits militaires dont la Champagne et l'Ile-de-France étaient alors le théâtre.

Le 24 décembre 1813, Charles d'Espinal est allé pour affaires à La Ferté-sur-Amance, et de là à Bétoncourt, près Jussey, chez un de ses cousins, M. de Vernerey. C'est là qu'il apprend l'entrée des ennemis en France. Il revient chez lui en toute hâte; on lui remet une lettre du sous-préfet de Mirecourt, M. de Saint-Ouen, son ami, qui confirme la nouvelle et le prie d'envoyer le plus tôt possible chevaux et voiture au château de Châtillon-sur-Saône, où se trouve Mme de Saint-Ouen, afin de lui permettre de revenir et de gagner Nancy. Mais aucun ordre officiel. « Je croyais trouver l'ordre de partir en masse », dit Charles d'Espinal. Telle était en effet l'attente générale; probablement, si la mesure avait été prise sans retard, sous le coup de la première émotion, tout le monde aurait marché. Mais les autorités restaient muettes. Le maire de Fouchécourt se borna donc à rassembler les habitants; il leur fit part des nouvelles, leur conseilla de prendre des mesures pour mettre à l'abri du pillage ce qu'ils avaient de plus précieux. Pour lui, il se contenta d'envoyer sa sœur chez des parents et amis, MM. du Bois, qui demeuraient au Morillon, en pleine forêt de Darney; elle devait y avoir la compagnie de deux jeunes filles de son âge, et surtout plus de sécurité. Cela fait, on attendit plusieurs jours, qui parurent très longs.

Le 2 janvier 1814, Charles d'Espinal se trouvant à

Isches, un de ses amis de Lamarche lui fit part d'un décret qui ordonnait la levée en masse. Mais, en même temps, le sous-préfet de Neufchâteau faisait savoir à ses administrés qu'ils pouvaient se rassurer, que sans doute l'ennemi était en France, mais qu'il avait pris une direction telle que la contrée ne paraissait pas menacée. Ce fut seulement le 5 janvier qu'arriva le premier ordre officiel : le sous-préfet prescrit à tous les anciens militaires de la commune, ayant moins de cinquante ans, de venir à Neufchâteau, ainsi que trois hommes de vingt à quarante ans, pour être immédiatement encadrés dans les corps francs des Vosges; à défaut de volontaires, ces trois hommes doivent être désignés d'office par le maire. Le 7, c'est le préfet des Vosges qui, dans une dépêche venant de Charmes-sur-Moselle, exhorte ses braves Vosgiens à courir aux armes : « Il n'y a plus un moment à perdre, l'ennemi s'avance à grands pas... » Enfin, le jour suivant, M. de Saint-Ouen écrit à son ami que Charmes est envahi, et qu'on signale de Bains le passage de Cosaques se rendant à Épinal.

Avant de prendre aucune mesure, Charles d'Espinal va aux renseignements, à Isches et à Lamarche, il faut savoir surtout ce que vont faire les « Marchais ». A Isches, on ne sait que décider. Les gens de Mont n'ont pas voulu laisser partir pour Nancy leur maire, M. de Lallemand, disant qu'ils voulaient l'avoir à leur tête, en cas de levée en masse. A Lamarche, le maire a convoqué toute la bourgeoisie à l'hôtel de ville; on remarque que les hommes de vingt à cinquante ans se sont tous abstenus. Le juge de paix propose de constater par un procès-verbal le refus de tous les habitants; ce procès-verbal est dressé sous sa dictée et signé par toutes les personnes présentes. Du reste, c'est un sauve-qui-peut général; on voit revenir d'Épinal ceux qui avaient obéi à l'ordre du 5 janvier; ils racontent que le préfet les a passés en revue, mais que les armes qu'on leur avait données ne valaient rien; alors ils ont tous déserté...

Dans de telles conditions, il n'y a rien à faire. Charles d'Espinal recommande à ses gens de Fouchécourt de se tenir tranquilles. Il est certain que les Cosaques sont à Bourbonne; à leur arrivée il y avait dans la ville des dragons français qui voulaient se battre, mais le maire et les bourgeois les en ont empêchés. Le 15 janvier, on voit passer à Fouchécourt des individus qui se sauvent pour mettre à l'abri leur argent et leurs papiers : c'est qu'il vient d'arriver des Cosaques à Isches; mais ils n'ont pas fait de mal. Le lendemain, Charles d'Espinal monte jusqu'à Isches pour se renseigner auprès du maire : les Cosaques se comportent fort bien, mais ils mangent comme des diables; à eux sept, ils ont consommé pour déjeuner vingt livres de viande, sans compter deux volailles; ils ont bu sept pintes de vin et trois pintes d'eau-de-vie; puis ils sont partis, en annonçant l'arrivée prochaine de trois cents autres. Là-dessus, Charles d'Espinal revient chez lui, prend ses chiens, et va tuer un lièvre dans les vignes.

En rentrant, il trouve un exprès venu de Bourbonne, porteur d'un ordre de réquisition : il s'agit de fournir, dans les quatre jours, 1.000 livres de pain, autant de farine, 334 rations d'avoine et 6 paires de souliers. Aidé de quelques conseillers municipaux, le maire de Fouchécourt s'occupe immédiatement d'opérer la répartition, ce qui se fait sans beaucoup de difficulté. A peine ces fournitures étaient-elles expédiées qu'arrive une seconde réquisition, également de Bourbonne, pour 79 livres de cuir ; on peut également les fournir sans délai. Mais, le 21, c'est de Neufchâteau que vient une troisième sommation, celle-ci beaucoup plus onéreuse : outre du pain et de l'avoine, on exige trois bœufs, 20 mesures de vin, 5 mesures d'eau-de-vie, le tout à livrer dans les vingt-quatre heures, sous peine d'exécution militaire. Cette fois, Charles d'Espinal réunit son conseil municipal, on prend une délibération exposant l'impossibilité dans laquelle se trouve la commune de fournir à la fois à Neufchâteau et à Bourbonne, et la pièce, signée de tous les conseillers, est envoyée « à MM. les commissaires de Neufchâteau ». La réponse, attendue avec quelque anxiété, arrive le 23 : défense, pour l'avenir, de rien fournir à Bourbonne ; on ne parle plus de la réquisition du 21 : « espérons que nous en sommes quittes !... »

Entre temps, comme on dit que les Cosaques sont revenus à Isches, Charles d'Espinal est allé les voir. Il y a seulement seize hommes, qui n'ont pour armes que des lances, et deux officiers qui sont fort polis ; « ils n'ont pas l'air trop guerrier »... D'autre part, on voit passer des gens qui ont été requis par les Autrichiens pour conduire l'artillerie ; il y en a qui ramènent leurs chevaux, mais d'autres n'ont pu ravoir les leurs ; quelques-uns s'en retournent jusqu'en Alsace...

Du moins, il n'est pas question dans le pays de ces réquisitions d'attelages. Depuis quelques jours il neige, on n'entend plus parler de rien.

Le 24, fatigué de rester à la maison, Charles d'Espinal part avec ses chiens; « en attendant — dit-il — que MM. les Bavarois viennent nous donner la chasse ». Malgré le mauvais temps, il tue deux bécassines sur le ruisseau; il a même tiré en rentrant un renard dans les jardins du village. A peine était-il chez lui, que la porte de la cuisine s'ouvre brusquement; le domestique entre, tout effrayé : « Monsieur, voici des hommes!... » Ce sont deux Bavarois; un troisième est dans la cour, tenant les chevaux. Tout le village est en émoi : c'est la première fois qu'on se trouve en contact avec les envahisseurs; en moins d'une minute la maison est pleine de curieux. Les soldats exhibent un ordre de réquisition pour le quartier général de Damblain : 2.560 livres de pain, 2 bœufs ou vaches, 12 mesures de vin, 3 mesures d'eau-de-vie, etc..: Ces militaires ne doivent quitter le village qu'avec les fournitures demandées:

Après réflexion, le maire de Fouchécourt estime qu'il convient de ne pas obtempérer sans employer au moins tous les moyens dilatoires. Puisqu'on a entre les mains cette défense de fournir ailleurs qu'à Neufchâteau, c'est le cas de s'en servir. Mais sera-t-elle admise à Damblain? c'est douteux, pourtant on peut toujours essayer. Le conseil municipal est de cet avis, et il laisse avec satisfaction son maire tenter l'aventure. Accompagné de l'un des chevau-légers bavarois, Charles d'Espinal se met en route; monté

*

sur l'une de ses juments; il a choisi celle qui a le moins
de valeur, et il a eu soin de mettre sa belle alezane
à l'abri des convoitises possibles de l'ennemi. A Lamarche, on ne peut rien faire; le capitaine qui y com-
mande envoie les voyageurs à Tollaincourt, où le
major se déclare aussi incompétent; il faut aller jusqu'à Damblain. Là, l'accueil est bien meilleur qu'on
n'osait l'espérer. L'état-major est installé chez
M. Renard l'aîné, un ami de la famille, qui met Charles
d'Espinal en rapport avec le commissaire des guerres.
Celui-ci parle très bien le français, il comprend tout
de suite les explications du maire de Fouchécourt,
et il le conduit au général. Le maire recommence à
exposer ses raisons; elles sont pleinement admises. Il
est entendu que Fouchécourt ne doit rien fournir que
par ordre de Neufchâteau; des instructions vont être
données dans ce sens. Charles d'Espinal se confond
en remerciements, et se dispose à regagner sa commune pour y faire part du succès de sa démarche.
Mais M. Renard ne l'entend pas ainsi; la table est
servie, il faut dîner avec tous les officiers de l'état-
major. Le repas est fort bon; le commissaire des
guerres se montre de plus en plus aimable : « Je suis
Lorrain — dit-il — né à Saint-Dizier... » Il se plaint
d'être obligé de se battre contre des compatriotes. « Il
nous plaint aussi d'avoir un si mauvais gouvernement.
Quels tristes temps, et combien les honnêtes gens ont
à souffrir!... » Bref, on ne se sépare qu'après toutes
sortes de démonstrations réciproques de sympathie et
d'amitié.

A Fouchécourt, le conseil municipal est fort heu-

reux que la commune s'en tire à si bon compte. Avant
de renvoyer les garnisaires, le maire se sert d'eux pour
faire une exécution nécessaire : un des voituriers qui
ont conduit l'avoine à Bourbonne s'est avisé de vou-
loir garder les sacs pour sa peine et refuse de les
rendre aux propriétaires, qui ne sont pas contents.
Les Bavarois sont requis de mettre la main au collet
du récalcitrant et de l'amener devant le conseil; là,
le maire lui adresse une bonne semonce, et les sacs
sont immédiatement restitués. Deux jours après,
autre histoire : une vieille femme vient se plaindre, on
lui a volé la nuit, dans sa grange, six boisseaux de blé;
les voleurs ne peuvent être que des peigneurs de
chanvre, qui travaillaient à l'écurie à cause du froid.
A défaut de tout représentant de l'autorité judiciaire,
c'est le maire qui doit faire l'office de juge d'instruc-
tion : il interroge, il perquisitionne; on retrouve le
corps du délit chez l'un des « chanvriers » qui avoue
son méfait, et le blé est restitué à la plaignante.

Pour se distraire un peu, puisqu'on n'entend plus
parler de rien, Charles d'Espinal prend son fusil et va
chasser. Un jour, on lui signale un canard dans le
bief du moulin; le coquin ne se laisse pas facilement
approcher; enfin il est tué, très loin, du côté de Thons.
Le lendemain, chasse dans les vignes avec deux voisins; on tue un lièvre, un autre ne peut être tiré. C'est
fort heureux que l'on ait pu se donner ce plaisir : voici
un arrêté du préfet provisoire du département des
Vosges qui ordonne un désarmement général; il faudra
dorénavant cacher ses fusils. Du reste, il fait très froid;
le domestique, en venant de donner à manger aux

pigeons, a rapporté, morte de froid, une caille qu'élevait Mlle Rose d'Espinal. « Cela m'a fait éprouver — dit son frère — une peine bien vive... »

Mais l'accalmie ne pouvait durer. Le 30 janvier, on apporte un ordre de réquisitions « exorbitantes », en farine, blé, avoine, souliers, etc... Cette fois, impossible de résister. A Lamarche on a reçu des ordres semblables, et l'on conseille au maire de Fouchécourt d'envoyer tout ce qu'il pourra. Il faut se mettre à la besogne, avec l'adjoint et les conseillers municipaux; on dresse un état de ce que possède chaque chef de famille, en terres, prés, vignes, chenevières, et cela servira de base à toutes les répartitions.

La poste recommence à marcher; on reçoit toutes sortes de nouvelles contradictoires sur les événements militaires qui se passent en Champagne. Il faut aller chercher des renseignements plus certains. A Bourbonne, un capitaine russe, qui revient de Bar-sur-Aube, raconte qu'il y a eu une grande bataille qui a duré quarante heures; l'empereur Napoléon s'est battu en personne (1). Il a refusé la paix parce qu'on veut lui ôter la Lorraine et la Franche-Comté; il voudrait conserver le Rhin comme limite. Cet officier ajoute que la paix est néanmoins certaine; les Empereurs et le

____

(1) Nous n'entreprendrons pas d'identifier avec la réalité tous les renseignements consignés au journal sur les événements militaires. La discordance est trop grande. Elle nous montre combien, en ces moments troublés, les informations étaient peu précises. Cette grande bataille, dont la nouvelle parvient à Fouchécourt le 1er février, ne peut être déjà la bataille de la Rothière. Serait-ce le combat de Brienne, antérieur de quelques jours?

roi de Prusse sont à Troyes, ils vont tout terminer sous peu de jours. En attendant, Charles d'Espinal apprend de son homme d'affaires de La Ferté que les ennemis lui ont mangé toute son avoine et une partie de son blé; cela le rend fort triste. Il passe à Châtillon; les ennemis n'ont pas fait de dégât chez M. de Saint-Ouen, mais ils ont tout mangé, bu beaucoup de vin et emporté le reste. Heureusement ils ne sont pas allés jusqu'au vendangeoir du Charmont; mais ils ont volé cinq paires de draps et tous les effets laissés par Mme Laure.

On commence à voir passer les blessés ennemis qui sont évacués en arrière du théâtre des opérations militaires. Le 5 février, on annonce de Lamarche qu'un hôpital va être organisé dans cette ville, et que toutes les communes du canton devront contribuer à son établissement et à son entretien. Cela va être désormais la grande affaire et l'occupation principale du maire de Fouchécourt; il a été nommé commissaire en vue de cette organisation, et pendant deux mois il faudra constamment réquisitionner, expédier et utiliser les objets les plus divers : bois de lit, matelas et couvertures, bonnets et chemises, linges de pansement, combustibles, etc... En même temps, les ordres venant de Neufchâteau ne discontinuent pas, mais on finit par s'y habituer, et le procédé bientôt mis en usage consiste à traîner le plus longtemps possible les choses en longueur : on attend d'abord que des garnisons viennent appuyer la réclamation, puis on n'envoie qu'une partie des objets demandés, dans l'espoir qu'il surviendra quelque événement qui permette d'esquiver le reste. Car tout le monde est d'avis que la guerre ne peut durer longtemps; on s'attend de jour en jour à apprendre que la paix est conclue.

Charles d'Espinal rapporte les mêmes impressions des visites qu'il fait aux environs, chez ses parents et ses amis : il a vu à Bulgnéville son beau-frère Mamelet, à Serocourt son cousin d'Espinal; il a dîné à Tignécourt chez M. d'Arzimont, à Serécourt chez M. de Widrange. Partout on ne parle que de la paix. Ce désir universel de voir la fin des hostilités se traduit même, pour certaines personnes, en des paroles inconsidérées dont Charles d'Espinal se montre justement froissé : les dames de Widrange n'ont-elles pas été jusqu'à dire que si les Français étaient en fuite, c'était tant mieux, parce que tout serait plus tôt fini ! En attendant, les blessés passent toujours, et dès la fin de février, les réquisitions les plus fréquentes consistent en des fournitures de voitures et d'attelages pour transporter des Russes jusqu'aux hôpitaux. C'est une charge fort lourde, que les paysans ne supportent qu'avec beaucoup de peine.

Sur les entrefaites, une lettre du Morillon annonce la mort de M. du Bois père. On ne peut plus laisser dans cette demeure hospitalière Mlle d'Espinal. Du reste, le pays est calme; elle peut revenir sans inconvénient; le 25 février, elle est de retour à Fouchécourt, où depuis longtemps on n'a vu aucun étranger. Mais le lendemain, Charles d'Espinal travaillait aux répartitions à la maison commune, lorsqu'il entend dans la rue un grand tumulte : « Voilà les Cosaques !... » En effet, il en arrive une troupe, venant de Bourbonne et allant vers Épinal. Ils demandent à boire, et qu'on leur fournisse un guide jusqu'au village voisin de Saint-Julien. Cette première troupe partie, il en vient une autre; et enfin, dans le courant de l'après-midi, cinq officiers, dont un à pied, avec leurs domestiques, tenant des chevaux en laisse, et une voiture sur laquelle se trouve un autre officier grièvement blessé, s'arrêtent dans la rue auprès de la croix, demandant eux aussi un guide. Ils sont tous fatigués et marchent avec peine. Ce sont des Bavarois. L'un d'eux, qui est capitaine et parle très bien le français, est très petit; on l'appelle M. le comte; il salue le maire très poliment et expose sa requête. On fait entrer ces officiers à la maison; ils acceptent des rafraîchissements. Le petit comte se plaint beaucoup des Russes; ils ont voulu arriver à Paris les premiers, ils ont marché trop vite et ils sont cause que les alliés ont été battus près de Lagny. Les Français leur ont tué soixante mille hommes, et voilà pourquoi ils sont en retraite (1); mais dans peu de jours il y aura du nouveau. Un autre capitaine, qui est fort éveillé, et qui ressemble à un Français, a causé pendant tout le temps avec ces dames, qui l'ont trouvé très drôle... Il a les mains chargées de fort belles bagues... Ces officiers vou-

---

(1) Il s'agit probablement des combats de Champaubert et de Montmirail, qui furent des défaites pour les alliés; bien loin de Lagny cependant. Du reste, le Bavarois traduit bien ainsi la colère des alliés arrêtés par Napoléon dans leur marche sur Paris. Voir H. HOUSSAYE; *1814*; 11e édition, p. 69 : « Paris, Paris! c'est pour avoir voulu y marcher, que Blücher s'est fait battre. Qu'avons-nous besoin de voir l'Opéra de Paris?... »

draient bien être accompagnés jusqu'à Épinal, du
moins jusqu'à Monthureux. Ils croient que le pays
n'est pas sûr. Charles d'Espinal essaie de les tranquil-
liser et leur offre d'aller avec eux jusqu'à Saint Julien;
mais ils ne paraissent pas rassurés du tout. Ils sont
toutefois arrivés sans encombre à Monthureux, d'où
ils ont renvoyé leur guide en le payant généreusement
et le chargeant de remerciements pour le bon accueil
qu'ils ont reçu à Fouchécourt.

La retraite des alliés est donc certaine; mais est-
elle définitive? Vers la fin de février, on disait à Bourbonne que les Français avaient été battus; ils auraient
perdu trente mille hommes et quatre-vingts pièces de
canon (1). Plus tard, de la même source, on fait savoir
que les alliés reviennent en force de Chaumont vers
Troyes, et que cette dernière ville aurait été brûlée.
Mais que peut-on savoir de tous ces racontages? Pendant tout le mois de février, on reste dans cette incer-
titude. Puis, on annonce que les hostilités reprennent
plus fort que jamais. A tout instant, on croit « ouïr
le canon », ce qui prouverait qu'on se bat du côté ⸦
Chaumont. Ainsi, le 18 et le 19 mars, il a certainement
tonné toute la journée (2). On parle toujours de la
paix, et ce qui fait croire qu'elle est prochaine, c'est

---

(1) C'est peut-être un écho du combat de Bar-sur-Aube, où
le maréchal Oudinot subit un grave échec, le 27 février.

(2) Comment pouvait-on, à cette date, entendre le canon
dans la vallée de la Saône? Le 18 et le 19 mars, on ne se battait
pas du côté de Chaumont : Napoléon était sur l'Aube, prélu-
dant à la bataille d'Arcis, qui devait être livrée le 20. Il y a
là un exemple de ces hallucinations qu'explique l'anxiété dans
laquelle on vivait alors.

que les commandants, à Lamarche et à Darney, ont déclaré qu'il suffisait d'approvisionner les hôpitaux pour un mois seulement. Et les blessés passent toujours, la plupart en voiture, quelques-uns à pied. Ils commencent à se montrer très exigeants; un jour que Charles d'Espinal était à Lamarche, une troupe qui est arrivée à Fouchécourt s'y est fort mal conduite. Lui-même, à Isches, ayant voulu prêter main-forte à son ami Floriot, a reçu d'un de ces pillards un coup de lance; heureusement c'était du gros bout, il n'a pas eu de mal.

Le 24 et le 25 mars, on a eu le spectacle d'un singulier défilé, à Isches et à Lamarche. C'est une Russe qui s'appelle Mme Platow, et qui doit être une très grande dame, car elle est dans un fort bel équipage, avec une escorte de cent trente Cosaques. Elle a couché à Isches. Un officier de sa suite a dit qu'on allait évacuer tous les hôpitaux jusqu'au Rhin, et que l'armée alliée se repliait sur nous. Ainsi, la retraite des alliés n'est pas douteuse. Bourbonne est évacuée, on dit que les Français arrivent à Chaumont.

Vers cette époque, le pays semble s'éveiller de sa torpeur. On est décidément las de fournir des réquisitions et des charrois. Plutôt que d'obéir, les voituriers dételent leurs chevaux et les emmènent dans les bois. Le 26 mars, des voitures de vivres, venant de Neufchâteau, et arrivées à Isches, n'ont pu repartir. Les Cosaques les ont déchargées et ont dit qu'ils reviendraient les chercher. On annonce que, le 27 mars, les paysans ont arrêté, près de Passavant, un détachement de cavalerie; ils ont pris six chevaux, tué deux hommes et blessé plusieurs. C'est la première fois qu'un pareil fait se produit depuis le commencement de l'invasion. On raconte aussi que des cavaliers ennemis ayant voulu rentrer à Bourbonne, on leur a refusé des vivres et qu'ils ont dû se replier sur Jussey. Enfin, tout près de Fouchécourt, à Ainvelle, un homme appelé le petit Louis, a osé arrêter un Cosaque, et lui prendre son cheval ainsi que tous ses effets. On parle beaucoup des partisans, dont le nombre augmenterait tous les jours; il est vrai que ce bruit vient du département de la Meurthe. Du reste, on ne sait pas du tout ce qui va se passer : l'Empereur restera-t-il, ou bien aura-t-on les Bourbons? M. le comte d'Hoffelize, qui était à son château de Thons, vient de repartir pour Nancy. Il était sorti de cette ville pour n'être pas obligé de se prononcer pour ou contre le comte d'Artois; il paraît que beaucoup de Nancéiens ont fait de même.

Le 1er avril, l'hôpital de Lamarche a été évacué, et toute la garnison est partie du côté de Lignéville. Ce départ s'est effectué avec beaucoup d'ordre; les commandants se sont fort bien conduits; le Russe surtout a témoigné beaucoup de reconnaissance aux habitants. Puis, le pays passe successivement par des alternatives d'espoir et de découragement. Les Cosaques reviennent pour prendre les vivres qu'ils ont dû laisser à Isches; à cette nouvelle, toutes les bêtes de trait sont sauvées dans les bois. Il s'ensuit une dispute très aigre entre l'adjoint d'Isches et le maire de Fouchécourt : l'adjoint entend que les charrois soient faits par Fouchécourt; il se plaint au comman-

dant de ce que les gens de Fouchécourt refusent toujours, il voudrait faire envoyer chez eux cent hommes
pour les mettre à la raison. Le maire répond que si
on lui envoie des garnisaires, il saura les recevoir, mais
qu'il n'obéira qu'aux ordres venant de Neufchâteau.
Et les choses en restèrent là ; le commandant n'insista
pas. A Ainvelle, l'affaire du petit Louis n'eut pas non
plus de suites graves. Le commandant se borna à faire
comparaître l'inculpé, après avoir fait rendre le cheval
et les effets du soldat, il se contenta de lui adresser
quelques reproches, mais fort doucement, en disant
au maire qu'il le laissait libre d'infliger à son admi-
nistré telle punition qu'il voudrait. Les habitants, qui
craignaient de subir un pillage, ont été très rassurés.
Mais tout cela, ajoute Charles d'Espinal, prouve que
les alliés ne sont pas sûrs de leur affaire... Hélas ! à
cette époque, tout était terminé, mais autrement que
ne l'espérait le maire de Fouchécourt.

Le 8 avril, un homme venant de Chaumont annonce
que les alliés sont entrés à Paris ; mais on ne veut pas
le croire. Le lendemain, la nouvelle est confirmée par
un voyageur venant de Mirecourt. Enfin le 10 avril,
jour de Pâques, parviennent des nouvelles de la préfecture. Il faut bien se rendre à l'évidence : les alliés
sont à Paris, l'empereur Napoléon s'est retiré à Fon-
tainebleau. Puis, successivement, d'autres pièces officielles reproduisent une déclaration du Sénat, portant
que tous ceux qui ont prêté serment à Napoléon sont
maintenant soumis à Louis XVIII. La déchéance de
l'Empereur est confirmée : il doit se rendre à l'île
d'Elbe, où on lui servira une pension de six millions.

Le 25 avril, on annonce que les troupes qui ne veulent pas servir sous Louis XVIII sont licenciées. Déjà l'on voit revenir de ces soldats qui se sont battus jusqu'à la fin pour l'Empereur; ils arrivent ulcérés de leur défaite; ils racontent que Napoléon a été trahi par ses généraux, que sans cela jamais les alliés ne seraient entrés à Paris. Plus tard, aux Cent-Jours, ils se lèveront au premier appel, et, après Waterloo, rendus définitivement à leurs humbles foyers, ils entretiendront dans les campagnes le culte de l'Empereur. Grâce à eux fermentera dans le pays, pendant la Restauration, un levain de bonapartisme, auquel on pouvait ne pas s'attendre chez ces populations que nous avons vues si tièdes en face de l'envahisseur.

A la fin d'avril, l'allégresse est générale : on annonce que l'ennemi aura évacué la France pour le 1er juin. Déjà l'on ne paie plus de réquisitions. Charles d'Espinal reçoit ses amis de Saint-Ouen, qui reviennent de Nancy, et passent quelques jours à Fouchécourt, avant d'aller mettre un peu d'ordre dans leurs maisons de Châtillon et du Charmont. La vie rurale reprend, comme si cette invasion n'avait été qu'un mauvais rêve. On va distribuer les affouages, et le 1er mai, à une date qui nous paraît quelque peu insolite, les chasseurs se proposent de fêter la Saint-Hubert.

Là s'arrête le journal de Charles d'Espinal. Dans les extraits qui précèdent, nous avons omis volontairement de nombreux détails, qui pourtant ne sont pas sans saveur, de peur de trop allonger notre récit. Ce sont les menus incidents de l'existence journalière, qui montrent que, même à des époques aussi troublées, les gens de ce temps trouvèrent encore assez de liberté d'esprit pour vaquer à toutes leurs affaires. D'abord, pour la gestion des intérêts communaux, la machine administrative n'est pas tout à fait arrêtée, les relations officielles entre la mairie et la préfecture n'ont jamais été rompues. De même, les transactions entre particuliers n'ont pas complètement cessé. Quand un habitant meurt, le juge de paix vient apposer les scellés, on procède à l'inventaire, puis à « l'encan » des biens du défunt. C'est ainsi que, le 29 avril, Charles d'Espinal a acheté la vigne d'un de ses voisins, et une feuillette de bon vin, cerclée en fer. Nous le voyons régler ses comptes avec son beau-frère, passer des sous seings privés... A quelques lignes de distance, après avoir relaté le passage des Cosaques ou des Bavarois, l'auteur notera le menu du jour, des accidents de chasse, le chien Roméo perdu puis retrouvé, une visite au Morillon et l'aimable accueil des jeunes filles... Ce mélange intime des petites affaires privées avec les graves événements de la crise nationale est peut-être ce qui frappe le plus lorsqu'on parcourt ces pages jaunies, et un tel contraste contribue à donner une singulière originalité au modeste journal du maire de Fouchécourt.

Août 1912.

NANCY-PARIS, IMPRIMERIE BERGER-LEVRAULT